Mensch, mach’ mal Pause!

Care-Cracker: Die kleine Stärkung für zwischendurch

Mensch,

mach´ mal Pause!

Care-Cracker:

Die kleine Stärkung für zwischendurch

Bibliografische Information der Deutschen Nationalbibliothek

Die Deutsche Nationalbibliothek verzeichnet diese Publikation in der Deutschen Nationalbibliografie; detaillierte bibliografische Daten sind im Internet über http://dnb.d-nb.de abrufbar.

Für alle, denen es gut tut.

Impressum

Herstellung und Verlag: Books on Demand GmbH, Norderstedt

ISBN: 978-3-8391-6633-8

Inhaltsverzeichnis

Dieses nette Buch gehört erfreulicherweise:

....

Herzlichen Glückwunsch!
– Sie haben es geschafft!!!

Sie haben die Arbeit beiseite gelegt und machen gerade Pause! Juchuh! Sonst könnten Sie dieses Buch ja nicht lesen ....

Vielleicht haben Sie es geschenkt bekommen von lieben Menschen.

Die meinen es gut mit Ihnen.

Die gönnen Ihnen eine Pause und wollen, dass Sie es sich gut gehen lassen. Solche Freunde, Bekannte, Kollegen braucht der Mensch!

Oder aber, Sie haben es sich selbst gekauft. Vielleicht denken Sie, Sie sollten öfter mal eine Pause machen. Einfach weil Ihnen das gut täte. Oder schlicht, weil Sie es verdient haben. Auch das ist ein gelungener Anlass für eine Gratulation:

Sie kümmern sich gut um sich.

Damit sind Sie der optimale Leser oder die optimale Leserin für diesen Care-Cracker („Kümmer-dich-Keks" – aber das klingt im Deutschen so doof, oder?). Die Care-Cracker sind Ihre kleine Stärkung für zwischendurch. Und Pausen machen stark, denn dort laden Sie Ihren Akku wieder auf.

Viel Spaß, Erfolg und gesunde Pausen wünscht Ihnen von Herzen

Ihre Anne Katrin Matyssek

„Und STOPP!“ – Warum Pausen so wichtig sind

Wir brauchen Pausen zur Erhaltung unserer Erholungsfähigkeit. Also um fit zu bleiben für die nächsten Herausforderungen. Die Pause sagt uns: Eines ist vorbei, ein nächstes fängt an.

Sie gibt damit Orientierung, Rhythmus und Struktur.

Und wir laden unseren Akku wieder auf.

Die Deutschen machen bis zu 6mal täglich Pause zusätzlich zur Mittagspause – aber sie machen es nicht richtig: „Mal eben die Mails checken“ ist keine Pause, Surfen ist keine Pause, über die Arbeit schwätzen auch nicht.

Sogar durch den Wald laufen ist keine Pause, wenn Sie dabei doch die Arbeit im Kopf haben. Dann fehlt der Genuss. Es fehlt der Abstand. Es fehlt das, was eine Pause ausmacht.

Was Pause ist? Augen schließen, paar Meter laufen, sich auf etwas anderes konzentrieren, also:

Körperhaltung ändern – Ort ändern – Kopfinhalte ändern!

Die Tätigkeit natürlich auch ändern.

Das ist Pause.

Wer perfekt arbeiten
will, muss sich auch
perfekt erholen.

„Ich kann doch jetzt nicht in Pause gehen!“ – Doch, gerade jetzt!

Wenn der Stress uns einmal in seinen Fängen hat, sehen wir den Wald vor lauter Bäumen nicht. Wir fürchten, wenn wir die Arbeit für eine halbe Stunde liegen lassen, finden wir danach nicht mehr rein. Also arbeiten wir durch.

Vielleicht mit dem Brötchen in der Hand. Und dem Apfel daneben.

Wir sind hektisch, unruhig, manchmal sogar planlos. Wir handeln, ohne dass unser Handeln Kopf und Fuß hätte – kopflos …

Die Ergebnisse, die wir unter solchen Bedingungen hervorbringen, sind vielleicht beim ersten Mal noch ganz gut.
Aber auf die Dauer lässt die Arbeitsqualität nach.
Der Mensch ist nicht dafür geschaffen, pausenlos durchzuarbeiten.

Wir brauchen für richtig gute Arbeit den Überblick, also den sprichwörtlichen kühlen Kopf. Dazu gehört ein gewisses Maß an Abstand. Wer im Hamsterrad läuft, kann nicht erkennen, ob das Hamsterrad nicht vielleicht „in die falsche Richtung“ läuft …

Für den Überblick müssen Sie das Hamsterrad verlassen und sich und den Stress von außen betrachten. Ein bisschen Distanz, um dann produktiv weiter machen zu können.

Pause machen: Für einen klaren Kopf!

Niemand außer mir
selbst kann wissen,
was mir jetzt im
Augenblick gut tut.

Wo ist der Mensch?

HIER

ist der Mensch!

„Bin ich gut im Pausen-Machen?“ – Mini-Test

Mache ich überhaupt Pausen (Mittagspause zählt nicht)?	☐
Fühle ich mich nach einem Wochenende gut erholt?	☐
Kann ich nach Feierabend die Arbeit in Gedanken loslassen?	☐
Fällt mir das Abschalten im Urlaub nach 3 Tagen leicht?	☐
Rede ich in der Mittagspause über anderes als Arbeit?	☐
Bewege ich mich während meiner Pausen?	☐
Gestalte ich meine Pausen aktiv (statt auf dem Sofa zu liegen)?	☐

Arbeiten Sie dieses Buch sorgfältig durch, und nehmen Sie sich diesen kleinen Selbst-Check heute in 4 Wochen noch einmal vor!

Vielleicht haben Sie bis dahin etwas verändert?

“Mal was anderes!“ – Erholung ist ein Kontrasterlebnis

Für die meisten Menschen gilt: Ihre Pausenzeit muss ein Kontrasterlebnis darstellen zur Arbeitszeit.

Die Pause darf nicht „dasselbe in Grün“ sein.

Wenn Sie tagsüber viel am PC arbeiten, also relativ reglos auf einen Bildschirm starren, dann ist Fernsehen für Sie keine echte Erholung. Da fehlt das Kontrasterlebnis: Sie starren ja schon wieder relativ reglos auf einen Bildschirm.

Sie brauchen etwas anderes.

Zum Beispiel Bewegung. Und wenn Sie den ganzen Tag über eher allein waren, brauchen Sie abends Leute um sich. Und umgekehrt:

Wer den ganzen Tag über mit Menschen im Gespräch ist, für den bedeutet Erholung: Mal eine Zeit lang nichts sagen und nicht zuhören müssen.

Wenigstens eine Viertelstunde Reizarmut sollten Sie sich gönnen.

Fünfzehn Minuten, in denen Sie sich nur auf das konzentrieren, was gerade vor Ihnen liegt. Zum Beispiel das Tomatenbrot. Danach sind Sie wieder gesellschaftsfähig, versprochen!

Pausen

machen

stark.

Was ich immer schon mal aufschreiben und mir an die Wand hängen wollte

(und vielleicht auch meinem Chef zeigen):

§ 1 Ich habe das Recht und die Pflicht, Pausen zu machen.

§ 2 Ich habe das Recht, mich in meiner Pause zu bewegen.

§ 3 Pausen sind Ausdruck dafür, dass ich etwas leisten will.

§ 4 Pausen erhalten meine Arbeitsfähigkeit und -qualität.

§ 5 Pausen sind ein Menschenrecht (sogar gesetzlich vorgeschrieben).

§ 6 Pausen sind wichtig für das Zwischenmenschliche im Betrieb.

§ 7 noch mal: Ich habe das Recht und die Pflicht, Pausen zu machen.

Rezept für schlappe
Geschöpfe:
Trink' mal 2 Gläser
Wasser und mach'
mal 15' Pause!

„Trainieren wie die Sportler" – Dem Körper eine Chance zur Erholung geben

Sportler wissen es längst: Training ist wichtig.

Aber die Muskeln wachsen in der Pause.

Sie brauchen den Trainingsreiz, bei dem Energie verbraucht wird. Aber sie brauchen ebenso die Ruhephase, in der sie sich erholen und Energie tanken für die nächsten (noch stärkeren) Trainingsreize. Es geht also um Rhythmus.

Erst das Wechselspiel von Anspannung und Entspannung, von Energieverbrauch und Energieaufladung macht uns fit!

Und genau so verhält es sich mit Ihnen auch. Sie brauchen die Herausforderung, manchmal auch den Stress, im Arbeits- und Privatleben. Wer nicht gefordert wird, wird depressiv. Wer nicht trainiert, dessen Muskeln erschlaffen und werden abgebaut.

Wenn Sie gesund leben und Ihre Erholungsfähigkeit lange erhalten wollen, dann sollten Sie im Rhythmus leben:

Stressphasen und Ruhephasen sollten sich abwechseln.

Dann sind Sie künftigem Stress noch besser gewachsen.

Die Energie
wächst
in der Pause!

Denk-Pause:

Was war noch mal mein Lebensziel?

„Will ich das überhaupt?!“ – Denkpausen nutzen

Pausen schaffen Abstand.

Sie helfen Ihnen, Ihr Leben aus der Distanz zu sehen.

Manchmal arbeiten Menschen gerade aus dem Grund pausenlos durch, damit sie ja nicht zum Nachdenken kommen. Weil sie schon ahnen, dass dann etwas zusammenbrechen könnte.

Wir brauchen Distanz, um zu überprüfen,
ob wir überhaupt noch auf dem richtigen Weg sind

– auf dem Weg, den wir uns selber ausgesucht haben.

Dazu müssen wir innehalten.

Bilanz ziehen. Und uns dem stellen, was wir als Ergebnis erhalten. Schließlich wollen wir alle am Ende unseres Weges sagen können:

„Das habe ich gut gemacht. Ich habe gut gelebt.“

Am besten wieder mit System:

Tragen Sie sich zwei bis sechs fixe Termine pro Jahr in Ihren Kalender ein – Termine, an denen Sie sich fragen, ob Ihr Leben noch das ist, das Sie leben wollen. Oder ob Sie wenigstens kontinuierlich auf dem Weg dorthin sind.

Heute gönne ich mir

...

(wird nicht verraten)

Hab' ich mir verdient!

“Genießen erlaubt!“
– Pause-Machen für Fortgeschrittene

Gönnen Sie sich heute doch einmal etwas ganz Besonderes!
Das kann etwas zu essen oder zu trinken sein
– der köstliche Latte Macchiato in Ihrem Lieblingscafé –
oder etwas Neues zum Anziehen oder ein paar Seiten Lektüre in einem schönen alten Buch bei einer Tasse Tee.

Und dann geniiiiießen Sie das Besondere!
Und genießen Sie auch das Genießen, indem Sie zum Beispiel zu sich sagen: „Das hab ich mir redlich verdient, nach dem ganzen Stress heute jetzt hier in der Sonne zu sitzen und diesen Kaffee zu trinken, wie im Sommer in der Toskana.“

Und dann konzentrieren Sie sich auf alles,
was Sie wahrnehmen können:

- Spüren Sie die Wärme der Sonne auf der Haut?
- Riechen Sie diesen Duft, der vom Kaffee ausgeht?
- Schmecken Sie das köstliche italienische Aroma?

Das ist eine „Pause für Fortgeschrittene“:
Voller Genuss und Konzentration.

Dabei vergessen Sie die Arbeit ganz von selbst.

Richtig abschalten
kann ich nur, indem
ich richtig abschalte:
Fernseher, Radio,
Computer, ...

„Endlich Ruhe!“ – Mal richtig abschalten

Richtig abschalten – das heißt tatsächlich in einem ersten Schritt: alle technischen Geräte abschalten. Für akustische Ruhe sorgen, dann stellt sich auch die innere leichter ein.

Ausprobieren!

Und Sie können noch mehr tun, damit Ihr Feierabend eine einzige Akku-Auflade-Veranstaltung wird: Verabschieden Sie sich von Ihrer Arbeit, noch bevor Sie Ihre Firma verlassen.

Gehen Sie am Arbeitsplatz noch einmal in Gedanken durch:

Was war heute?

Was habe ich geschafft?

Worauf kann ich stolz sein?

Und dann machen Sie einen Plan oder eine Liste: Was wird morgen sein? Alle Punkte, die Sie hier notieren, brauchen Ihnen später nicht mehr durch den Kopf zu wandern. Dann räumen Sie auf und spülen mit dem Dreck aus der Kaffeetasse auch allen Ärger des Arbeitstages weg.

Und beim Abschließen denken Sie: „Puuuuh, Feierabend!“
Und daheim machen Sie dann bewusst ganz andere Dinge!

Strichliste

Beobachten Sie mal, wie sich Ihr Pausenverhalten verändert, und zwar ab heute für 3 Wochen.
Allein schon durch das Führen der Strichliste werden Sie Ihre Pausen bewusster wahrnehmen, garantiert!

Tag der Woche:	bewusst wahrgenommene Pause:

Pausen-Arten

(und Un-Arten)

Denk-Pause

Apfel-Pause

Pinkel-Pause

Schlaf-Pause

Notfall-Pause

Schwätzchen-Pause

Augen-Pause

Bewegungspause

Fress-Pause

Atem-Pause

Erholungspause

Fasten-Pause

Lebenspause

Pausen sind

wie

Natur-Doping.

“Ich brauch’ kein Vita-Irgendwas aus der Apotheke!“

Erschreckend viele Menschen greifen zu Aufputsch- oder Beruhigungsmitteln, um ihren ganz normalen Arbeitsalltag bewältigen zu können.
Doping aus der Apotheke scheint Alltag geworden zu sein.

Bevor Sie sich psychisch von solchen Mitteln abhängig machen:

Machen Sie lieber Pausen!

Diejenigen, die zu aufputschenden Mitteln (eher Männer) oder zu Beruhigungsmitteln (eher Frauen) greifen, glauben, dass sie ihre Arbeit nur bewältigen können, indem sie pausenlos durcharbeiten. Und genau dafür wollen sie sich fit machen.

Dabei verlieren sie aber ungemein an psychischer Stärke!

Schließlich dürfen sie sich dann bei Erfolgen auch nicht selber auf die Schulter klopfen – es war das Mittel aus der Apotheke, ohne das sie (aus ihrer Sicht) die Arbeit gar nicht hätten bewältigen können. Das ist Mumpitz. Genug Pausen hätten denselben Zweck erfüllt.

Nach einer guten Pause geht man konzentrierter an die Arbeit, und man darf richtig stolz auf sich sein, weil man es ohne Krücke geschafft hat:

Ganz aus eigener Kraft!

Pausen helfen mir,
besser mit Stress
fertig zu werden und
danach wieder
„runterzukommen".

CareCard für Menschen, die gute Pausen machen wollen

Meine Pause ist keine wahre Pause, wenn ich …

- mit dem Kopf bei der Arbeit bleibe.
- räumlich / körperlich bei der Arbeit bleibe.
- Multitasking probiere (lesen + essen + Radio hören).
- beim Essen nur über die Arbeit rede.
- mir nur ein Joghurt und einen Apfel gönne.

do care!

Meine Pause ist eine gute Pause, wenn ich …

- meinen Arbeitsplatz verlasse.
- mental auf Distanz gehe.
- ausgewogen und leicht esse und viel trinke.
- für Bewegung sorge.
- mir frische Luft gönne. Und vielleicht 1 Espresso …

do care!

„Ich glaub',
ich werd' alt!"

„Ich wünsch' es dir!"

„Ich glaub', ich werd' alt!" – Wie Sie erholungsfähig bleiben

Je älter wir werden, desto stärker lässt unsere Erholungsfähigkeit nach. Als junger Mensch schlafen wir problemlos durch und wachen morgens frisch und erholt auf. Und als Studenten reichte uns ein verlängertes Wochenende für ein Urlaubsgefühl.

Mit den Jahren brauchen wir 2 bis 3 komplett arbeitsfreie Wochen, um mit wirklich vollem Akku an den Arbeitsplatz zurückzukehren.

Und das mit dem Schlafen klappt auch nicht mehr so wie früher.

Umso wichtiger ist, dass Sie die Erholungsfähigkeit trainieren!

Das geht, indem Sie bewusst auf Kontraste achten: Wenn Sie ins Bett gehen, dann bitte nur, um zu schlafen. Naja, eine Ausnahme gibt's, Sie wissen schon ... Aber jedenfalls: Kein Fernseher in Ihrem Schlafzimmer, keine Katze in Ihrem Bett.
Einfach nur das Bett und Sie und der Schlaf.

Und wenn der nicht kommen will, dann stehen Sie eben noch mal auf und setzen sich im Wohnzimmer in Ihren Lesesessel mit einem schönen Buch. Und erst wenn der Schlafdruck wiederkommt, gehen Sie wieder zu Bett. Und sobald Sie morgens wach sind: Raus aus den Federn! Das klingt brutal, denn Kuscheln ist ja so schön, aber es dient Ihrer Erholungsfähigkeit …

Wenn die Erholungs-
fähigkeit leidet,

leidet auch die
Leistungsfähigkeit.

Leitfaden für eine richtig gute Mittagspause

- Blocken Sie schon morgens die Zeit für Ihre Mittagspause. Am besten schriftlich.

- Vielleicht verabreden Sie sich sogar mit Kollegen? Soziale Kontakte in der Mittagspause können Ihnen gut tun.

- Verlassen Sie Ihren Arbeitsplatz. Sonst ist es keine Pause.

- Bewegen Sie sich! Nehmen Sie die Treppe statt des Aufzugs.

- Suchen Sie sich zum Essen etwas Leichtes aus, so dass Sie eine Chance haben, nach der Pause weiter arbeiten zu können. Trinken Sie etwas zum Mittagessen!

- Sprechen Sie beim Essen nicht (nur) über die Arbeit!

- Ideal wäre nach dem Essen noch ein Espresso mit Kollegen.

Die Ladestationen für den Akku zu kennen, reicht nicht aus. Man muss sie auch regelmäßig nutzen.

„Heute schon Mini-Urlaub gemacht?!“ – Kurz-Pausen nutzen

Wissen Sie, wie das geht: Ein MINI-URLAUB?

Ganz einfach.

- Sie setzen sich auf die Vorderkante Ihres Stuhls.
- Sie strecken die Beine aus.
- Sie lehnen sich zurück.
- Sie strecken die Arme über den Kopf.
- Sie machen sich gaaaaaanz lang.
- Sie schließen die Augen.
- Sie genießen die Dehnung.
- Sie träumen vom letzten Urlaub.
- Oder vom nächsten Urlaub.

Und während Sie das tun, dehnen Sie Ihre Muskulatur von der Halswirbelsäule bis zur Lendenwirbelsäule. Und wenn Sie dehnen, sorgen Sie für gute Durchblutung und beugen damit Verspannungen vor. Kostenlos und genussvoll.

Machen Sie 5-6mal täglich einen Mini-Urlaub.

Es gibt nichts Besseres. Und abends werden Sie wesentlich weniger k.o. sein, als wenn Sie in einem Rutsch (natürlich von der Mittagspause mal abgesehen) durchgearbeitet hätten.

Ja-Sagen zu mir und meinem Pausen-bedürfnis kann auch heißen: Nein-Sagen zu anderen.

„Ich muss nicht immer sofort springen“ – Nein-Sagen lernen

Wenn es nach Ihrem Chef oder Ihrer Chefin ginge, würden vermutlich Ihre Pausen komplett ersatzlos gestrichen.

Führungskräfte sehen manchmal nicht ein, dass Pausen wichtig sind zur Erhaltung der Leistungsfähigkeit – also eigentlich ja genau in ihrem Interesse.

Vorgesetzte halten Pausen für unproduktive Zeiten (sind sie ja auch; aber das dient eben einem guten Zweck). Natürlich gibt es auch andere Vorgesetzte, und vielleicht haben Sie ja Glück, und Ihrer gehört dazu.

Jedenfalls sollten Sie nicht darauf warten, dass Ihre Führungskraft zu Ihnen sagt „Mensch, machen Sie doch mal Pause!“

Da können Sie nämlich unter Umständen ewig warten.

Ein verantwortungsbewusster Umgang mit der eigenen Leistungsfähigkeit bedeutet auch, die Pause notfalls mit Zähnen und Klauen zu verteidigen. Selbstverständlich machen Sie auch mal eine Ausnahme und arbeiten eine Pause durch.

Aber nur, wenn es eine Ausnahme bleibt.

Das sollten Sie Ihrer Führungskraft deutlich (!) sagen, denn sonst schleift sich das ganz schnell ein!

„Urlaub ist Urlaub“ – Die große Pause richtig gestalten

Eine Umfrage des Internet-Portals „monster.de“ hat ergeben: Zwei Drittel der befragten 12.000 Beschäftigten bleiben auch im Urlaub für ihr Unternehmen erreichbar!

Ein Viertel fragt auch aus dem Urlaub seine eMails ab oder hört den Anrufbeantworter ab. Und sage und schreibe 17% haben angegeben, dass sie mit dem Arbeiten nie aufhören.

Das ist kein richtiger Urlaub.

Urlaub heißt: arbeitsfreie Zeit.

Kein Handy, keine eMails, keine Kontakte zum Arbeitsleben, auch nicht zu noch so netten Kollegen.

Sie sollten Ihren Urlaub nicht komplett verplanen. Sie müssen ja ohnehin ständig irgendwelche Ansprüche erfüllen, Forderungen nachkommen, Kontaktbedürfnisse befriedigen.

Im Urlaub hingegen dürfen Sie zwanglos sein.
Ohne Verpflichtungen.

Bitte keine Perfektionsansprüche! Die tun Ihnen schon im Alltag nicht gut, aber im Urlaub sind sie Gift für Sie!

Tun Sie einfach, worauf Sie wirklich Lust haben.

Die Seele baumeln
lassen
– das kann nur, wer
noch eine hat.

Eigene Ideen

Was können Sie sonst noch tun, um Pausen bewusst zu gestalten?

....

....

....

....

....

....

....

Zeit lässt sich nicht horten.

Es gibt keinen Nachtragshaushalt.

„Wenn ich erst mal Zeit hab' …“ – Nein, heute: Pause sofort!

Viele denken: Wenn ich erst mal Zeit hab', dann …

- besuche ich meine Freunde
- genieße ich meine Partnerschaft
- pflanze ich Bäume
- tu ich, was ich immer schon mal wollte.

Sie tun's nie. Denn immer kommt irgendetwas dazwischen.

Und irgendwann ist es vielleicht zu spät.

Zeit lässt sich nicht auf Vorrat sammeln nach dem Motto: „Jetzt arbeite ich das hier erst einmal alles weg, und dann …“. Dann steht wieder neue Arbeit an, denn es kommt immer anders, als man denkt.

Wenn Sie also der Meinung sind, dass Sie eine Pause brauchen, dann sollten Sie sie nehmen. Und zwar sofort. Oder zumindest sobald wie möglich.

Am besten schreiben Sie sich einen kleinen Notizzettel, auf dem zum Beispiel steht: „Heute Mittag setze ich mich für eine halbe Stunde in die Sonne. Zur Vorbereitung trage ich spätestens bis 11 Uhr meine Sonnencreme auf.“

So steigt die Chance, dass Sie Ihren Plan tatsächlich umsetzen …

ZERTIFIKAT

für mich persönlich:

....

Ich erteile mir hiermit unwiderruflich die Erlaubnis, Pause zu machen, sobald ich sie für meine Arbeitsfähigkeit und mein Wohlbefinden benötige.

Diese Erlaubnis ist individuell und darf nur von mir persönlich hinterfragt werden. Ich bin bereit, die Pause gegen den Rest der Welt (und auch gegen anfallende Arbeit) zu verteidigen.

....

Das bestätige ich beschwingt, hocherfreut und gut gelaunt mit meiner eigenen schwungvollen Unterschrift:

Care-Cracker
– Die kleine Stärkung für zwischendurch

Care-Cracker („Kümmer-Kekse") – unter diesem Namen erscheinen leicht verständliche und psychologisch fundierte Tipps für mehr (Selbst-)Wertschätzung und zur Stärkung der Psyche und des Wohlbefindens. Informieren Sie sich auf **www.care-cracker.de** über die bislang erschienenen Care-Cracker, zum Beispiel:

Mensch, mach' mal Pause!

- Endlich richtig abschalten!
- Wie Sie Ihre Erholungsfähigkeit erhalten
- Tipps + Merksprüche für richtig gute Pausen

ISBN 978-3-8391-6633-8

Mensch, sag' doch mal NEIN!

- Endlich Schluss mit (Selbst-)Überforderung
- Wie Sie mit dem Gewissen fertig werden
- Tipps + Merksprüche für selbstsicheres Auftreten

ISBN 978-3-8391-2399-7

Mensch, entspann' dich mal!

- Anspannungen raus- und loslassen
- Wie Sie sich gedanklich „runterholen" können
- Tipps + Merksprüche für größere Gelassenheit

ISBN 978-3-8391-2516-8

Mensch, sei mal stolz auf dich!

- Schluss mit der falschen Bescheidenheit!
- Wie Sie sich richtig auf die Schulter klopfen
- Tipps + Merksprüche für ein positives Selbstbild

ISBN 978-3-8391-5206-5

Mensch, bin ich froh, dass es dich gibt!

- Statt Lied, Blumen, Pralinen – beruflich und privat
- Danke sagen + Wertschätzung zeigen von Herzen
- Tipps + Merksprüche für gelingende Beziehungen

ISBN 978-3-8391-2681-3

Dr. Anne Katrin Matyssek

Jahrgang 1968, Diplom-Psychologin und approbierte Psychotherapeutin

arbeitet seit 1998 als Rednerin, Trainerin und Beraterin zu Betrieblichem Gesundheitsmanagement für Verwaltungen und Firmen der freien Wirtschaft zum Thema:

Gesundheitsgerechte Mitarbeiterführung
durch Wertschätzung im Betrieb

Autorin mehrerer Bücher

Ich freue mich, wenn Ihnen dieses Buch gefallen und geholfen hat. Weitere Infos und Anregungen finden Sie auf meiner Website: **www.do-care.de**

Dort können Sie auch meinen kostenlosen Infobrief abonnieren. Er erscheint mehrmals pro Jahr als e-Mail und enthält Lesenswertes zum Beispiel zu:

- Klarkommen mit dem Kränker-Chef
- Abschalten lernen – das können Sie auch!
- Die Psyche stärken im Job etc.

Und es gibt 2 kostenlose Podcasts: Hör-Impulse für mehr Wertschätzung im Betrieb (die Podcast-Pause und den Gesund-Führen-Podcast für gute Chefs).

Von Herzen alles Gute wünscht Ihnen

Das do care! ®-Programm für mehr Wertschätzung im Arbeitsleben

Ich unterstütze Sie gern bei Ihrem Anliegen, die zwischenmenschliche Gesundheit in Ihrem Betrieb zu verbessern. Und natürlich freue ich mich, wenn Sie mich als Rednerin engagieren möchten. Informieren Sie sich einfach auf meiner Website über meine Vorträge:

www.do-care.de

Für den Fall, dass Sie in Eigenregie aktiv werden möchten, habe ich mehrere Materialien entwickelt, die Ihnen eine Unterstützung liefern können:

- die „**Bausteinbox für gesunde Kommunikation**" (Jahresbegleiter für eine wertschätzende Unternehmenskultur – 26 Motive mit Texten im praktischen Tischaufsteller) – 39,80 €, siehe www.do-care-shop.de
- unterstützt wird die Box durch 26 Folgen der sogenannten „**Podcast-Pause**" – 5 Minuten für mehr Wohlbefinden im Job; kostenlos zu hören unter: www.podcast-pause.de
- Workshops und **Vorträge** zu den Themen „Mensch, du bist wichtig! – Mehr Wertschätzung im Betrieb" und „Gesund führen"; Angebote hierzu finden Sie unter www.do-care.de

Weitere Bücher und Angebote (Auswahl)

Meinen Online-Shop finden Sie im Internet unter www.do-care-shop.de

Abschalten lernen in 3 Wochen.
CD plus Begleitheft (24 Seiten, durchgehend vierfarbig)
2. Auflage Dezember 2008 (1. Aufl. Oktober 2008)
ISBN 978-3-00-026020-9
do care! 2008 – 24,95 € (D)

Pilates für die Psyche. Wie Sie trotz Arbeitsbelastungen gesund bleiben.
ISBN 978-3-8370-6985-3
Paperback, 52 Seiten – € 8,99 (D)
do care!, Düsseldorf 2008

Anmerkung: Es geht nicht um Pilates, sondern um einfache verhaltenstherapeutische Tipps für eine starke Psyche.

Führung und Gesundheit. Ein praktischer Ratgeber zur Förderung der psychosozialen Gesundheit im Betrieb.
ISBN 978-3-8391-0639-6
do care! 2009 – 22,90 € (D)

Unter www.do-care-shop.de finden Sie auch CareCards im Kreditkartenformat (PVC; 0,75 mm dick) und weitere Materialien.